Inhalt

Rohstoffe - Armes Deutschland, reiche den Mongolen die Hand!

Kernthesen

Beitrag

Fallbeispiele

Zahlen und Fakten

Weiterführende Literatur

Impressum

Rohstoffe - Armes Deutschland, reiche den Mongolen die Hand!

Anja Schneider

Kernthesen

- Eine neue Partnerschaft mit der Mongolei soll die Versorgung der deutschen Wirtschaft mit Kohle und Seltenen Erden ausbauen.
- Der globale Rohstoffboom hält an, gepuscht durch den Rohstoffbedarf der Schwellenländer. Die Bergbaukonzerne fahren wieder Umsätze und Gewinne in Rekordhöhe ein.
- Die fünf größten Minengiganten sind BHP Billiton, Rio Tinto, Vale, Xstrata und Anglo American.
- Die wichtigsten deutschen Unternehmen,

die im Rohstoffgeschäft engagiert sind, sind die Deutsche Rohstoff AG, ThyssenKrupp, K+S, Aurubis, Salzgitter.

Beitrag

Deutschland und Mongolei reichen sich die Hand im Rohstoffgeschäft

Deutschland ist ein vergleichsweise rohstoffarmes Land und importiert zahlreiche Rohstoffe aus anderen Ländern. Prominenteste Beispiele sind Erdgas aus Russland, Erdöl aus Libyen, Seltene Erden aus China, doch die Liste der Rohstoffe, die die deutsche Volkswirtschaft von Handelspartnern aus aller Welt bezieht, ist deutlich länger. [Abb. 1]

Immer wieder steht das freundliche Händeschütteln der Politiker unter dem Zeichen der Rohstoffsicherung. Altkanzler Schröder reichte Putin die Hand und Angela Merkel unterzeichnete mit dem mongolischen Ministerpräsidenten Sukhbaatar Batbold ein Abkommen während eines Besuchs in der Mongolei. Dabei interessiert sich Deutschland für die mongolische Kohle und noch mehr für die

Seltenerden-Metalle, die für die Herstellung elektronischer Hightech-Geräte so unverzichtbar sind. Außerdem wurde die Lieferung von Gasturbinen durch Siemens für ein Kraftwerk in der Mongolei besiegelt. Deutschland ist dabei keineswegs der Pionier im mongolischen Rohstoffgeschäft. Längst sind die Australier und Kanadier da und buddeln in der Steppe Dschinghis Khans nach Erz, Kohle, Kupfer und Gold. Die Mongolei zählt zu den zehn rohstoffreichsten Ländern der Erde. Das Wirtschaftswachstum liegt bei knapp 15 Prozent. Rund 35 Prozent der Bevölkerung der Mongolei lebt nach wie vor unter der Armutsgrenze. (1)

Globale Rohstoffrallye hält an, Konzerne fahren glänzende Ergebnisse ein

Auf dem Weltmarkt hat längst ein Run auf die Rohstoffe, die diese Welt zu bieten hat, eingesetzt. In der Realwirtschaft und in der Finanzwelt werden Agrarrohstoffe (wie Kaffee, Zucker, Weizen, Baumwolle, Raps) und Industrierohstoffe gehandelt, also Energierohstoffe (wie Kohle, Erdöl, Erdgas, Uran, erneuerbare Rohstoffe), chemische Rohstoffe (wie Kalk, Salz), Metallrohstoffe (wie Eisen, Aluminium, Stahl, Gold, Silber, Platin, Kupfer, Zinn, Seltene

Erden) und Bau- und Keramikrohstoffe (wie Sand, Kies, Tonmineral, Kaolin). Freilich sind die einzelnen Rohstofftitel an den Börsen im Auf und Ab, manche reagieren robuster auf Konjunkturkrisen, andere sind anfälliger. Vieles ist spekulativ, abhängig von Nachrichten über die Entwicklung der US-Wirtschaft, abhängig von Gerüchten um neue Erschließungen. Fast täglich wird über den mächtigen Rohstoffhunger der aufstrebenden Schwellenländern, allen voran China, berichtet.

Ein paar Beispiele: China ist weltweit der größte Kupferkonsument. Das Metall wird vor allem im Bau benötigt. Die Volksrepublik ist auch der größte Zinnverbraucher. Zinn wird vor allem bei Legierungen, in Blechen und von der Elektroindustrie eingesetzt und bei Kunststoffen beigemischt. Indiens Wirtschaft wächst jährlich um rund acht Prozent. Riesig ist der Bedarf an Stahl, ob für den Ausbau der Infrastruktur, für das Bauwesen, die Energiewirtschaft oder die Fahrzeugindustrie. Zurzeit ist Indien viertgrößter Rohstahlproduzent weltweit mit einem enormen Verbrauch an Kohle.

Unterm Strich ist die weltweite Nachfrage stark angestiegen, das Angebot teilweise bereits knapp und der Preistrend zeigt fast ungebrochen nach oben. Seit Anfang 2010 sind beispielsweise die Preise für Feinerz um 200 Prozent und für Kokskohle um 145 Prozent gestiegen. Kein Wunder also, dass es den Konzernen, die im Bergbau- und

Rohstoffgeschäft tonangebend sind, gut geht. In den vergangenen Jahren verzeichneten sie glänzende Umsatz- und Gewinnzuwächse, nach der Wirtschaftskrise ging es rasch wieder aufwärts. Zwar trieben Kapazitätsengpässe bei Personal und Material, höhere Kosten für Energie und Rohmaterialien und die teure Erschließung neuer Minen die Kosten nach oben, doch es ist genügend Kapital vorhanden. Einem Bericht der Experten von PricewaterhouseCoopers (PwC) zufolge haben die Bergbaufirmen weltweit im vergangenen Jahr eine spektakuläre Performance hingelegt. Die 40 führenden Unternehmen der Branche hätten ihren Umsatz auf 435 Milliarden Dollar gesteigert und damit das erste Mal die Marke von 400 Milliarden Dollar Umsatz übertroffen. Der Gewinn lag bei 110 Milliarden Dollar, was eine Steigerung von 156 Prozent gegenüber 2009 bedeutet. (2), (11)

Die fünf größten Minengiganten sind BHP Billiton, Rio Tinto, Vale (ehemals CVRD), Xstrata und Anglo American. Der weltgrößte Bergbaukonzern, die britisch-australische BHP Billiton, ist unter anderem der größte Kohle-Produzent, hat aber auch signifikante Engagements in vielen anderen Rohstoffbereichen wie Aluminium, Kupfer, Uran und Nickel. BHP Billiton legte zuletzt auch einen neuen Rekordwert für die Eisenerzproduktion vor und rangiert hier auf Platz drei hinter dem Marktführer

Vale und Konkurrent Rio Tinto. (11)

Deutsche Rohstoff AG baut neuen deutschen Rohstoffproduzenten auf

Deutsche Unternehmen, die selbst im Rohstoffgeschäft engagiert oder von dessen Entwicklung stark beeinflusst werden, sind beispielsweise die Deutsche Rohstoff AG, ThyssenKrupp (Stahl), K+S (Düngemittel), Aurubis (Kupfer), Salzgitter (Stahl).

Die Deutsche Rohstoff AG (Heidelberg) will den Rohstoffboom ausnutzen und einen neuen deutschen Rohstoffproduzenten aufbauen. In der Vergangenheit bereits erkundete Lagerstätten sollen unter aktualisierten Rentabilitätsüberlegungen wieder erschlossen werden. Dabei setzt die Deutsche Rohstoff AG sowohl auf Projekte in Deutschland als auch auf internationale Projekte in politisch stabilen Ländern. Das Know-how Deutschlands in der Bergbau-Technologie ist nach wie vor hoch und soll dabei genutzt werden. Das Unternehmen konzentriert sich auf Aktivitäten in Gold und Silber, Öl und Gas und auf Hightech-Metalle (Wolfram, Zinn, Kupfer, Molybdän, Indium, Niob, Seltene Erden, Zink, Blei). Die erste Goldproduktion begann Anfang 2011 in

Georgetown, Australien. Jetzt will die Deutsche Rohstoff AG ins das Geschäft mit Zinn einsteigen. Die deutschen Lagerstätten in Gottesberg und Geyer im Westerzgebirge sollen entwickelt werden. Dort liegen nach Unternehmensangaben rund 180 000 Tonnen Zinn und damit die weltweit größte bekannte und nicht entwickelte Zinn-Ressource. Ein Tochterunternehmen wurde gegründet, Investoren aus Australien und Asien ins Boot geholt, noch in diesem Jahr sollen die Bohrungen beginnen. (3)

Rohstoff als Zündstoff

Die etablierten und die aufstrebenden Volkswirtschaften liefern sich einen harten Wettbewerb um die Bodenschätze und Rohstoffe der Welt, um ihre Versorgung jetzt und zukünftig sicherzustellen. Dabei entsteht reichlich Zündstoff für Kritiker. Rohstoffe werden unter Gewinnmaximierungskalkülen ausgebeutet, sei es auf dem afrikanischen Kontinent, in Südamerika, in Indien oder China. Die Arbeitsbedingungen für die Menschen in den Bergwerken und Fabriken am anderen Ende der Welt und die Folgen für ihre Lebenswelt sind oftmals schlecht. Und je höher die Preise sind, die auf dem Weltmarkt erzielt werden können, umso fahrlässiger sind die Abbaumethoden. Schnell muss es gehen und viel Geld soll es bringen.

Das gilt für den Abbau von Kohle im indischen Jharia, für Coltanerz aus dem Kongo genauso wie für Rosen aus Kenia. Doch wer denkt schon daran, wenn er sein Handy einschaltet oder billigst einen Strauß Rosen beim Discounter auf das Rollband legt?

In Zeiten der Euro-Krise, Rettungsschirme, drohenden Griechenland-Insolvenz und Italiens Berlusconi wächst die Empörung und Wut auf die Politiker, die Finanzbranche und ihre Akteure. Banker haben ihr Ansehen verloren, das Vertrauen auch, und Fondsmanager gelten ohnehin als dubios und skrupellos. Dazu passt, dass in einer neuen Studie der Ex-Greenpeace-Chef Thilo Bode der Finanzbranche vorwirft, mit Spekulationen auf Rohstoffe Hungersnöte zu verursachen. (4), (5), (6)

Trends

Abkühlung in China drückt auf die Stahlpreise

Der Rohstoffhunger des Boomlands China hat in den letzten Jahren eine stetig wachsende Nachfrage nach Rohstoffen garantiert. Nun hat die Regierung in Peking die Kreditvergabe eingeschränkt, um die heiß gelaufene Konjunktur etwas abzukühlen und den

Unternehmen fehlt das Geld für den Einkauf der Rohstoffe. Die Nachfrage des weltweit größten Stahlkonsumenten China kühlt sich dadurch derzeit merklich ab und auch die Rohstahlproduktion in China selbst fiel im September auf den niedrigsten Wert seit Monaten. Damit die Bergbaukonzerne nicht auf ihrer gigantischen Produktion sitzen bleiben, werden für die nächsten Monate daher Preissenkungen in diesem Bereich erwartet. Experten gehen aber davon aus, dass sich die weltweite Nachfrage dadurch lediglich etwas abschwächt. Die weltweiten konjunkturellen Entwicklungen stellen noch keine nachhaltige Entspannung auf den Stahlrohstoffmärkten in Aussicht. (11)

Fallbeispiele

Mittelstand leidet unter Rohstoffpreisen

Bei der größten deutschen Mittelstandsstudie unter 4 000 Unternehmen fand die Commerzbank heraus, dass sich die Unternehmen durch die schwankenden oder steigenden Rohstoffpreise noch stärker belastet fühlen als durch die höheren Energiepreise. Viele deutsche Mittelständler machen sich große Sorgen um den Zugang zu Rohstoffen und die Spekulation an den Rohstoffmärkten. (7), (8)

China macht seltene Erden noch seltener

Der weltgrößte Produzent für seltene Erden aus China, die Inner Mongolia Baotou Steel Rare Earth, hat aktuell für einen Monat die Förderung gestoppt. Offiziell wurden hier als Gründe Wartungsarbeiten und Tests angegeben. Tatsächlich will China damit wohl die Preise für die in der Hightech-Industrie essentiellen Rohstoffe wieder in die Höhe treiben, die seit Juli um 20 Prozent gefallen waren. Spekulationen und eine erhöhte Nachfrage hatten zuvor innerhalb des vergangenen Jahres die Preise für seltene Erden um 130 Prozent ansteigen lassen. (10)

Zahlen & Fakten

Abbildung 1: Top Herkunftsländer der deutschen Rohstoffimporte

Importwert

Rang	Land	Rohstoff	in Mio. Euro
1	Russland	Erdgas, Erdöl, Gold, Kobalt, Lithium, Nickel, Platin,	
		Selen, Steinkohle, Wolfram	36.973
2	EU	Blei, Baryt, Diatomit, Eisen, Erdgas, Erdöl, Feldspat,	
		Fluorit, Graphit, Glimmer, Kobalt, Magnesium, Naturstein,	
		Phosphat, Selen, Steinkohle, Seltene Erden, Torf,	
		Vanadium, Wolfram, Zink	16.286
3	Norwegen	Erdöl, Erdgas, Gold, Kobalt, Lithium, Nickel, Platin,	
		Selen, Steinkohle, Wolfram	5.191
4	Libyen	Erdöl	2.743
5	Kasachstan	Tantal, Erdöl	2.164
6	Südafrika	Blei, Chrom, Eisen, Fluorit, Mangan, Platin, Steinkohle,	
		Titan, Vanadium, Zirkonium	1.767
7	Brasilien	Eisen, Graphit, Mangan, Niob	1.407
8	USA	Kobalt, Lithium, Steinkohle, Wolfram, Zink, Zirkonium	1.334
9	Australien	Blei, Eisen, Mangan, Steinkohle, Zirkonium	1.067
10	Chile	Kupfer, Lithium, Molybdän	1.030
11	Kanada	Eisen, Selen, Steinkohle, Titan, Zink	960
12	Saudi-Arabien	Erdöl	457
13	Peru	Blei, Kupfer, Zink, Zinn	386

14	China	Antimon, Baryt, Chrom, Fluorit, Germanium, Glimmer, Graphit, Magnesium, Magnesit, Molybdän, Seltene Erden, Wolfram	383
15	Ägypten	Phosphat	360
16	Kolumbien	Steinkohle	346
17	Argentinien	Kupfer	327
18	Ukraine	Nickel	300
19	Iran	Erdöl	285
20	Indonesien	Steinkohle, Zinn	137

Quelle: Bundesanstalt für Geowissenschaften und Rohstoffe (BGR)

Entnommen aus: Wirtschaftswoche, 43/2010, S. 46 (9)

Weiterführende Literatur

(1) Deutschland sichert sich Rohstoffe in der Mongolei
aus FAZ.NET, 13.10.2011

(2) Spektakuläre Performance: Allein die Top 40 der globalen Bergbaubranche machten 2010 435 Mrd.

Dollar Umsatz vom 09.06.2011
aus FAZ.NET, 13.10.2011

(3) Rohstoffe - Deutsches Zinn an die Börse
aus FAZ.NET, 13.10.2011

(4) In des Teufels schwarzer Küche
aus www.powernews.org Meldung vom 19.10.2011 - 10:48

(5) Ausverkauft
aus Zeit Wissen vom 08.02.2011, Nr. 2, S. 72

(6) "Ein globales Rohstoff-Kasino". In einer neuen Studie wirft Ex-Greenpeace-Chef Thilo Bode der Finanzbranche vor, mit Spekulationen auf Rohstoffe Hungersnöte zu verursachen. Auch andere empören sich.
aus Zeit Wissen vom 08.02.2011, Nr. 2, S. 72

(7) Teure Rohstoffe belasten Firmen stärker als die Energiekosten
aus Hamburger Abendblatt, 12.10.2011, Nr. 238, S. 23

(8) Unternehmen sorgen sich um Rohstoffe
aus Rhein-Zeitung vom 17.10.2011, Seite 6

(9) International, D: Top 33 Herkunftsländer der Rohstoffimporte, Top 10 Minen-Übernahmen 2001-2008
aus Wirtschaftswoche, 43/2010, S. 46

(10) China treibt die Rohstoffpreise hoch HIGHTECH

Förderstopp bei den seltenen Erden löst Diskussion
über Abhängigkeit von Ressourcen aus
aus Märkische Allgemeine vom 22.10.2011, Seite
WISO1

(11) China lässt den Stahlmarkt abkühlen
aus Handelsblatt online vom 20.10.2011

Impressum

Rohstoffe - Armes Deutschland, reiche den Mongolen die Hand!

Bibliografische Information der deutschen Nationalbibliothek

Die Deutsche Nationalbibliothek verzeichnet diese Publikation in der deutschen Nationalbibliografie; detaillierte bibliografische Daten sind im Internet über http://dnb.d-nb.de abrufbar.

ISBN: 978-3-7379-2377-4

© 2015 GBI-Genios Deutsche Wirtschaftsdatenbank GmbH, Freischützstraße 96, 81927 München, www.genios.de

Alle Rechte vorbehalten. Dieses Werk ist einschließlich aller seiner Teile – z.B. Texte, Tabellen und Grafiken - urheberrechtlich geschützt. Jede Verwertung außerhalb der Grenzen des Urheberrechtsgesetzes bedarf der vorherigen Zustimmung des Verlags. Dies gilt insbesondere auch für auszugsweise Nachdrucke, fotomechanische Vervielfältigungen (Fotokopie/Mikroskopie), Übersetzungen, Auswertungen durch Datenbanken oder ähnliche Einrichtungen und die Einspeicherung und Verarbeitung in elektronischen Systemen.